BEI GRIN MACHT SICH IHR WISSEN BEZAHLT

- Wir veröffentlichen Ihre Hausarbeit, Bachelor- und Masterarbeit

- Ihr eigenes eBook und Buch - weltweit in allen wichtigen Shops

- Verdienen Sie an jedem Verkauf

Jetzt bei www.GRIN.com hochladen und kostenlos publizieren

Bibliografische Information der Deutschen Nationalbibliothek:

Die Deutsche Bibliothek verzeichnet diese Publikation in der Deutschen National-bibliografie; detaillierte bibliografische Daten sind im Internet über http://dnb.d-nb.de/ abrufbar.

Impressum:

Copyright © 2017 GRIN Verlag
Druck und Bindung: Books on Demand GmbH, Norderstedt Germany
ISBN: 9783668717329

Dieses Buch bei GRIN:

https://www.grin.com/document/427721

Leon Gregori

Softwareentwicklung. Interaktion mit dem Internet durch kollaborative Platformen

GRIN Verlag

GRIN - Your knowledge has value

Der GRIN Verlag publiziert seit 1998 wissenschaftliche Arbeiten von Studenten, Hochschullehrern und anderen Akademikern als eBook und gedrucktes Buch. Die Verlagswebsite www.grin.com ist die ideale Plattform zur Veröffentlichung von Hausarbeiten, Abschlussarbeiten, wissenschaftlichen Aufsätzen, Dissertationen und Fachbüchern.

Besuchen Sie uns im Internet:

http://www.grin.com/

http://www.facebook.com/grincom

http://www.twitter.com/grin_com

AKAD University Stuttgart

Studiengang: Wirtschaftsinformatik (B.Sc)

23.06.2017

SWE020 – Softwareentwicklung

Interaktionsmöglichkeiten im Internet

vorgelegt von: Leon Gregori

Abgabetermin: 25.06.2017

Bearbeitungszeit: 8 Wochen

Inhaltsverzeichnis

Abbildungsverzeichnis

Abkürzungsverzeichnis

Digital Disruptor	Ein Unternehmen welches durch eine revolutionäre, digitale Innovation (z.B eine neue Software) den gesamten Markt verändert und die Konkurrenz unter Druck setzt
Linux	Betriebssystem;meistgenutztes Serverbetriebssystem der Welt. Auch auf Smartphones (Android) weit verbreitet
Computersystem	Ein Computersystem besteht aus Hard- und Software.
Softwarelieferungsmodelle	Beschreibt die Herangehensweise der Entwicklung einer Software.
Interaktionsmöglichkeit	Eine Interaktionsmöglichkeit im Internet beschreibt Szenarien in denen mithilfe des Internets gearbeitet werden kann. Dies kann ein Blog Eintrag sein, eine E-Mail oder auch das mieten von Rechenleistung im Internet (Cloud Computing) sein.
Softwarereleases	Das Release einer Software beschreibt die Lieferung einer finalen Version von Software.

1. Einleitung

1.1 Problemstellung

Die Geschwindigkeit, mit welcher IT zukünftig Einfluss auf das Geschäft von Unternehmen nimmt, steigert sich dramatisch. Schon heute ermöglichen viele IT Innovationen neue Geschäftsmodelle. Unternehmen müssen sich durch schnellere Handlungsfähigkeit an diese Gegebenheiten anpassen und selbst zu den neuen *Digital Disruptors* werden. Um diese Geschwindigkeitssteigerung praktisch umsetzen zu können, sind nicht nur agilere, schnellere Softwareentwicklungsprozesse von Nöten, sondern auch eine IT-Infrastruktur, welche dies umsetzen kann. Hierbei ist die Interaktion mit dem Internet in Form von Cloud und Open-Source Software, sowie die verteilte Entwicklung dieser Technologien unumgänglich.

1.2 Zielsetzung der Arbeit

Das Ziel dieser Arbeit ist es, *Interaktionsmöglichkeiten* im Internet, insbesondere in Hinsicht auf System- und Softwareentwicklung darzustellen und entsprechend dem Software-Entwicklungsprozess zuzuordnen. Aus den entstandenen Erkenntnissen sollten zukünftige Trends ausfindig gemacht werden. Hierdurch soll ein Überblick entstehen, welcher es Systemingenieuren sowie Softwareentwicklern aber auch dem Management ermöglicht, ihre Softwareentwicklungsprozesse entsprechend zu planen und die neuesten Trends zu adaptieren. Die Quantität an *Interaktionsmöglichkeiten* in der Applikationsentwicklung steigt durch die zunehmende Nutzung von Open Source und Cloud Technologien stetig an. Aus diesem Grund werden in dieser Arbeit nur ausgewählte aktuelle Technologien, sowie Trends berücksichtigt.

1.3 Aufbau des Dokumentes

Dieses Assignment beschäftigt sich mit den verschiedenen *Interaktionsmöglichkeiten* des Internets im Bereich der Softwareentwicklung. Nachdem im ersten Abschnitt die Problemstellung und Zielsetzung klar definiert wurde, wird im zweiten Abschnitt aufgezeigt, welche Methoden und Technologien verwendet werden, damit die Softwareentwicklung den heutigen Anforderungen gerecht werden kann. Hierbei wird sowohl auf die Möglichkeiten der Softwareentwicklung, als auch der Systementwicklung im Bereich Cloud-Computing eingegangen. Anhand einer Darstellung innerhalb des Softwarelebenszyklus wird im darauffolgenden Kapitel deutlich, wie diese Technologien und Methodiken (welche ausschließlich durch Interaktion mit dem Internet realisierbar sind) Software- und Systementwicklungsprozesse beschleunigen und ein Unternehmen wettbewerbsfähiger machen können. Im Folgenden eine grafische Darstellung des Inhaltes:

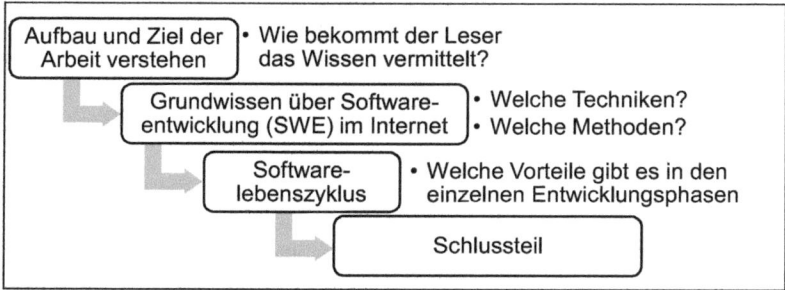

Abbildung 1: Aufbau des Dokumentes, eigene Darstellung

2. Softwareentwicklung im Internet

Software wird immer schneller und verteilter entwickelt. Das beste Beispiel hierfür ist das Betriebssystem *Linux*. Der *Linux* Quellcode wurde bereits über 680.000-mal (Stand: 22.06.2017) von über 1000 verschiedenen Entwicklern überarbeitet.[1] Dies ist durch Techniken wie die verteilte Entwicklung, Open Source und Versionskontrolle möglich. Aus diesem Grund entwickelt sich Software heute rasant. *Computersysteme* müssen somit sehr flexibel und skalierbar sein[2]. Im Rahmen dieses Abschnittes wird deshalb nicht nur auf die Softwareentwicklungstechniken, sondern auch auf die dahinterliegende Infrastruktur eingegangen, welche immer mehr in gehostete Clouds im Internet wandert[3].

2.1 Verteilte Entwicklung

Heute werden Programme in internationalen Teams rund um den Globus über das Internet entwickelt.[4] Die Herausforderung in der verteilten Entwicklung besteht darin Teams aus den unterschiedlichsten Kulturen und Regionen zu vereinen. Werkzeuge wie Scrum und Versionskontrolle helfen dabei diese Herausforderung zu meistern. Schnelle *Softwarelieferungsmodelle* wie beispielsweise Scrum verändern allerdings auch die Anforderungen an die IT, bei welcher das Internet eine sehr große Rolle spielt. Als Beispiel behandelt dieser Abschnitt die Versionskontrolle im Internet, welche von unzähligen Open Source Projekten und verteilten Teams genutzt wird.[5]

2.1.1 Scrum

Um Softwareentwicklung so effizient wie möglich zu gestalten werden traditionelle Wasserfall-Ansätze zunehmend weniger genutzt. Stattdessen vertrauen Softwareentwicklungsprojekte agilen Entwicklungsmethoden. Die wohl bekannteste Methode ist Scrum und stellt ein iteratives und inkrementelles, agiles Softwareentwicklungskonzept dar. Es definiert eine flexible, ganzheitliche Produktentwicklungsstrategie, bei der ein

---

[1] Torvalds L., Linux Git Repository (22.06.2017)
[2] Vgl. Abbott, Martin L. u. Fisher, Michael T. , Scalability Rules, Vorwort, 2016
[3] Vgl. Gartner, Umsatz mit Cloud Computing weltweit von 2009 bis 2016, 2017
[4] Vgl. Eckstein, J., Agile Softwareentwicklung mit verteilten Teams, 2012, S. 7 -13
[5] Vgl. Github Statistiken, https://octoverse.github.com/, 22.05.2017

Entwicklungsteam als Einheit arbeitet, um ein gemeinsames Ziel zu erreichen. Hierbei wird eine enge Zusammenarbeit aller Teammitglieder, sowie tägliche persönliche Kommunikation zwischen allen Teammitgliedern in allen Disziplinen (Entwicklung, Wartung, Test) angestrebt.[6]

Ein Schlüsselprinzip von Scrum ist, dass der Kunde bei der Produktentwicklung seine Anforderungen an das Produkt (oft als Bedarfsvolatilität bezeichnet) verändern kann und dass unvorhergesehene Herausforderungen leicht adressiert werden können. Als solches nimmt Scrum einen empirischen Ansatz an, der akzeptiert, dass ein Problem nicht vollständig verstanden oder definiert werden kann und konzentriert sich darauf, die Fähigkeit des Teams in den Vordergrund zu stellen. Somit ist eine schnelle Anpassung an den Markt und an neue Technologien möglich.

Aus dieser Vorgehensweise resultiert, dass *Softwarereleases* in kurzen Abständen von maximal einem Monat bis hin zu mehrmals täglich geliefert werden. Dies wiederum stellt sehr hohe Anforderungen an die IT-Infrastruktur.

2.1.2 Versionskontrolle

Eine dieser Anforderungen an die IT-Infrastruktur ist die Versionskontrolle. Man stelle sich vor: 100 Entwickler arbeiten an einem großen Softwareprojekt. Um nun konsistent an den einzelnen Projektdateien der Software arbeiten zu können wird ein zentrales Versionskontrollsystem benötigt. Es protokolliert jede Änderung an einer Projektdatei und hält auch deren Historie fest. So kann man zu jedem beliebigen Zeitpunkt auf eine frühere Dateiversion zurückgreifen (z.B. im Falle eines Fehlers). Des Weiteren ermöglicht es die parallele Arbeit mehrerer Entwickler am gleichen Projekt. Jeder Entwickler lädt eine lokale Kopie der Projektdateien herunter und kann dann Änderungen vornehmen. Anschließend werden diese Änderungen wieder auf das zentrale Versionskontrollsystem hochgeladen und eventuelle Konflikte mit anderen Änderungen werden analysiert. So ist sichergestellt das niemand bereits geänderte Dateien wieder überschreibt.

---

[6] Vgl. Fowler, M. u. Highsmith, J., The agile manifesto, 2001, S. 28-35

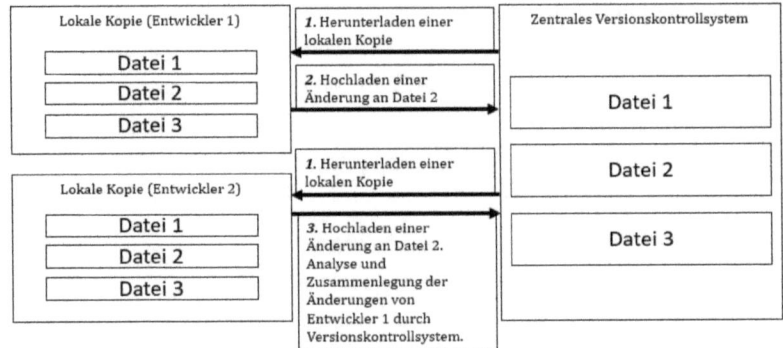

Abbildung 2: Funktionsprinzip der Versionskontrolle, eigene Darstellung

2.1.3 Open Source Software

Open Source Software beschreibt quelloffene Software, jeder darf sie nutzen und verändern.[7] Diese Dynamik einer Open Source Software wird über Internetplattformen erreicht, welche es Nutzern ermöglichen aktiv zu einem Open Source Projekt wie beispielsweise *Linux* beizutragen. Hierbei erstellt sich ein Nutzer eine lokale Kopie des Softwareprojektes und lädt seine Änderungen wieder an das Versionskontrollsystem im Internet hoch. Ein Administrator, welcher das Open Source Projekt beaufsichtigt, überprüft die Änderungen und genehmigt sie. Durch diesen Mechanismus ist es möglich tausende Menschen für ein Projekt zu begeistern und eine Entwickler-Community aufzubauen, die das Softwareprojekt weiterentwickelt. GitHub[8] ist der bekannteste Dienst im Internet zur Versionskontrolle, Firmen wie z.B Microsoft, Netflix oder Google[9] stellen ihre Projekte quelloffen über diese Plattform bereit. Wenn der Nutzer eine Änderung wünscht kann er diese programmieren und hochladen. In einigen Fällen werden solche neue Funktionen dann in das Produkt mit aufgenommen, teilweise wird sogar der

---

[7] Vgl. Mundhenke, J., Wettbewerbswirkungen von Open-source-Software, 2016
[8] GitHub Website, https://github.com/, 22.06.2017
[9] GitHub Unternehmen, https://github.com/google, 22.06.2017

Nutzer mit einem Jobangebot[10] konfrontiert, da der Bedarf an kompetenten Entwicklern sehr hoch ist. Hieraus wird deutlich, wie wichtig die Interaktion mit dem Internet im Bereich der Softwareentwicklung geworden ist.

2.2 Cloud Infrastruktur

Das Wort „Cloud" beschreibt die Bereitstellung von IT-Infrastruktur wie beispielsweise Speicherplatz, Rechenleistung oder Software als Dienstleistung über das Internet. Anstatt selbst Großrechner oder Server zu besitzen, welche installiert, betrieben und konfiguriert werden müssen, ist es für viele Unternehmen vorteilhafter auf Cloud-Angebote zu setzten, welche flexibler und günstiger sind als der eigene Betrieb.[11]

Ähnlich zum Softwareentwicklungsprozess, welcher immer mehr in das Internet verlagert wird, sind auch die *Computersysteme* selbst von dieser Auslagerung in das Internet betroffen. Jede Software wird auf einem *Computersystem* ausgeführt. Solch ein System muss installiert und gewartet werden. Hierdurch sind auch neue Lösungen im Bereich der Cloud Infrastruktur entstanden auf welche in diesem Abschnitt eingegangen werden soll.

2.2.1 Private und Public Cloud

Es gibt verschiedene Cloud-Typen, welche je nach Zielgruppe Public (engl.: Öffentlich) oder Private (engl.: Privat) betrieben werden. Die Public Cloud ist ein Angebot eines frei zugänglichen Anbieters, welcher seine Dienste offen über das Internet für jedermann zugänglich macht. Hierzu gehören beispielsweise Webmail Dienste oder auch Media-Streaming wie Spotify oder Youtube. Dem gegenüber stehen Private Cloud Angebote. Aus Gründen von Datenschutz und Sicherheit ziehen Unternehmen es häufig vor, ihre IT-Services selbst zu betreiben und ausschließlich ihrem eigenen Personal

---

[10] Vgl. Schmitz, L., Github geht stärker auf Unternehmen zu, 22.06.2017
[11] Vgl. Armando F., Cloud-Computing, 22.06.2017

zugänglich zu machen. Werden diese IT-Services in einer Weise angeboten, dass der Endnutzer im Unternehmen typische Cloud Mehrwerte nutzen kann, wie z. B. eine skalierbare IT-Infrastruktur oder installations- und wartungsfreie IT-Anwendungen, die über den Webbrowser in Anspruch genommen werden können, so spricht man von einer Private Cloud. Wenn beide Cloud-Typen parallel genutzt werden, spricht man von einer Hybrid-Cloud.[12]

2.2.2 Servicelevel

Sowohl Private als auch Public Cloud können in verschiedenen Modi betrieben werden. Unterscheidungsmerkmal ist hier das Level der Verantwortlichkeit. Ist der Nutzer für das gesamte *Computersystem* verantwortlich, spricht man von einem on-premise (engl.: Vor-Ort) Betrieb. Hierbei muss der Betreiber von Netzwerk bis hin zur Software alles selbstständig installieren sowie warten und ist voll verantwortlich für das gesamte System. Will der Betreiber sich seiner Verantwortung entledigen, so ist der Erste Schritt „Infrastruktur as a Service", wobei die gesamte Hardware im Internet betrieben wird. Soll das gesamte *Computersystem* in die Cloud ausgelagert werden, so kommt „Software as a Service" zum Einsatz. In diesem Modus werden alle nötigen Arbeiten, um das *Computersystem* zu betreiben vom Anbieter übernommen. Die verschiedenen Modi werden durch folgende Abbildung demonstriert:

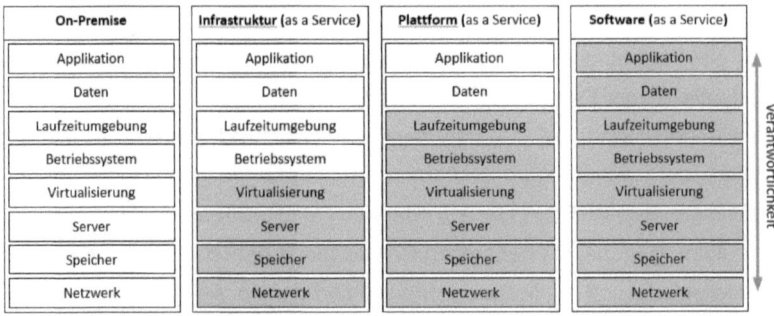

Abbildung 3: Cloud Modi, eigene Darstellung

---

[12] Vgl. Mell, P. u. Grance, T., The NIST definition of cloud computing.

3. Bewertung

Für die Evaluierung werden Entwicklungsszenarien betrachtet und bewertet. Hierbei wird gezeigt, welche Vorteile die Interaktion mit dem Internet bringen kann.

Die folgenden Szenarien basieren auf dem Software Lebenszyklus-Modell[13], welches die Entwicklungsphasen eines Softwareproduktes beschreibt. Es eignet sich daher ideal um die internetbasierten Softwareentwicklungsmöglichkeiten zu bewerten.

3.1 Problemanalyse

Auch weniger technische Lebenszyklusphasen wie die Problemanalyse können durch Interaktion mit dem Internet erleichtert werden. So können sich internationale Teams beispielsweise virtuell in einer Webkonferenz treffen um ein Problem näher zu identifizieren. Dies ist hilfreich, da insbesondere bei internationalen Konzernen ein Problem aus mehreren Blickwinkeln betrachtet werden sollte, da andere Länder oft andere Anforderungen an Software haben.

3.2 Systemspezifikation

Das System wird während des Entwicklungsprozesses nach und nach spezifiziert. Es ist sehr schwierig die gesamte Komplexität eines Softwareprojektes direkt am ersten Tag zu erkennen. Daher folgt Scrum einem iterativen Modell, welches nach und nach die Spezifikation verfeinert. Dies hat z.B. den Vorteil, dass keine falschen Lieferzeitpunkte an den Auftraggeber kommuniziert werden und der gesamte Prozess transparent wird. Durch Hosting in der Cloud kann das gesamte System Schritt für Schritt an die Anforderungen angepasst werden und das bei kontrollierbaren Kosten. Dies

---

[13] Vgl. Blaschek, G. *,Software engineering: Prototyping und objektorientierte Software Entwicklung.* , 1996.

ist ein klarer Vorteil gegenüber der traditionellen Vorgehensweise, bei der meist ein fixer Plan zur Initiierung eines Projektes nötig ist, der aber selten eingehalten werden kann.

3.3 System- und Komponentenentwurf

Analog zur Systemspezifikation findet bei dem Systementwurf ein iterativer Prozess statt. Hier wird insbesondere deutlich, welche Vorteile ein Cloud Hosting gegenüber einer on-premise Lösung haben kann. Besonders wichtig ist z.B. die Vorlagenfunktion, welche es ermöglicht, basierend auf Erfahrungswerten anderer Nutzer die ideale Infrastruktur in der Cloud bereitzustellen. Wenn beispielsweise ein Webshop mit erwarteten 250.000 Nutzern (Nicht Käufern) pro Tag entwickelt werden soll, kann dieser direkt über einen Webshop-Cloud-Anbieter[14] mit wenigen Klicks erstellt werden, da der Webshop-Cloud-Anbieter bereits weiß wie sich die Software bei einer Nutzeranzahl von 250.000 Nutzern verhält. Lediglich individuelle Anpassungen wie Corperate Identity und Produkte müssen dann noch gepflegt werden.

3.4 Implementierung und Komponententest

Bei der Implementierung kann durch die Verantwortlichkeiten des Cloud-Anbieters viel Zeit gespart werden, da das gesamte Systemsetup zum Anbieter verlagert wird. (Siehe Abbildung 3, Software as a Service)

3.5 Systemtest

Auch hier bietet das Internet viele Möglichkeiten. Im Rahmen von Open-Source kann von einer ganzen Community der Quellcode begutachtet werden, was Fehlern vorbeugt. Für den eigentlichen Test bietet sich sogenanntes

---

[14] Webshop-Cloud-Anbieter, https://magento.com/home, 17.06.2017

Crowd-Testing (engl.: Menschenmasse) an. Hierbei wird das Produkt im Beta Status, also vor der Markteinführung einer großen Nutzergruppe über das Internet zugänglich gemacht. Dies ermöglicht das testen mit vielen unterschiedlichen Geräten, Anforderungen und persönlichen Werten über die Nutzer, welche wiederum Fehler an den Entwickler weitergeben.

3.6 Betrieb und Wartung

Betrieb und Wartung werden durch die Interaktion mit dem Internet ebenfalls stark vereinfacht. Der Betrieb der Software wird je nach Verantwortlichkeit (Siehe Abbildung 3) vom Cloud-Anbieter übernommen. Auch der Wartungsprozess profitiert stark durch die Interaktion mit dem Internet. So kann z.B. der Quellcode über Open-Source Versionskontrolle verwaltet werden, sodass jeder Nutzer aktiv an der Entwicklung der Software teilnehmen kann. Dies macht die Software eventuell für Nutzer noch interessanter, da sie durch Open-Source die Software an ihre Bedürfnisse anpassen können.

4. Schluss

4.1 Resümee

Es wird deutlich das mithilfe neuer Technologien im Internet die Effizienz der System- und Softwareentwicklung verbessert werden kann. Durch Open-Source und Cloud-Services (SaaS, PaaS, IaaS) erreichen alle Software-Lebenszyklusphasen das nächste Niveau. Der Code wird nicht mehr nur vom Hersteller, sondern von einer Community aus Anwendern und Entwicklern erzeugt (Open Source u. Versionskontrolle). Server werden nicht gekauft um sie dann im eigenen Serverraum über Jahre abzuschreiben, sondern es wird in der Cloud eine Rechenleistung gemietet, skalierbar und mit transparenten Kosten. All dies steigert nicht nur die Effizienz der Entwicklung sondern auch die Qualität der Software, da der Anwender durch das Internet die Chance hat bereits in der Entwicklung Einfluss auf die Software zu nehmen. Zudem sei auch die agile Entwicklung erwähnt die nur dann funktionieren kann, wenn entsprechend agil reagiert werden kann. Um dies zu erreichen ist man auf die oben genannten Technologien wie Cloud und Open Source angewiesen.

4.2 Kritische Auseinandersetzung

Durch den begrenzten Umfang dieser Arbeit, konnten nur ausgewählte *Interaktionsmöglichkeiten* dargestellt werden. Die Auswahl auf die oben genannten *Interaktionsmöglichkeiten* wurde durch Praktische Erfahrung sowie Fachliteratur vorgenommen. Die behandelten Technologien wie Cloud und Open-Source spielen eine Schlüsselrolle bei heutigen Softwareprojekten, obwohl es sehr viele weitere Technologien im Internet gibt, welche die Software- und Systementwicklung bereichern.

5. Literaturverzeichnis

ABBOTT, Martin L.; FISHER, Michael T. *"Scalability Rules: Principles for Scaling Web Sites."* Addison-Wesley Professional, 2016.

BLASCHEK, Gunther. *„Software engineering: Prototyping und objektorientierte Software Entwicklung."* Carl Hanser Verlag, 1996.

ECKSTEIN, Jutta. *„Agile Softwareentwicklung mit verteilten Teams."* dpunkt. verlag, 2012.

FOWLER, Martin; HIGHSMITH, Jim. *"The agile manifesto."* Software Development, 2001, 9. Jg., Nr. 8, S. 28-35.

FOX, Armando. *„Cloud Computing – Whats in It for Me as a Scientist?."* Science Magazine, 2011
http://science.sciencemag.org/content/331/6016/406.full?ijkey=O3dG1uenzz KYQ&keytype=ref&siteid=sci
(22.06.2017)

GARTNER, *„Umsatz mit Cloud Computing weltweit von 2009 bis 2016"*, 2017
https://de.statista.com/statistik/daten/studie/195760/umfrage/umsatz-mit-cloud-computing-weltweit-seit-2009/
(22.06.2017)

Github Statistiken, github.com
https://octoverse.github.com/
(22.06.2017)

GitHub Unternehmen, https://github.com/google,
(22.06.2017)

MELL, Peter; GRANCE, Tim. *"The NIST definition of cloud computing."* National Institute of Standards and Technology, 2009

MUNDHENKE, Jens. *„Wettbewerbswirkungen von Open-source-Software und offenen Standards auf Softwaremärkten."* Berlin: Springer, 2007.

SCHMITZ, Ludger. „Github geht stärker auf Unternehmen zu."
http://www.datacenter-insider.de/github-geht-staerker-auf-unternehmen-zu-a-538180/
(22.06.2017)

TORVALDS, Linus, *Linux* Git Repository, 2017
https://github.com/torvalds/linux
(22.06.2017)